NOUVELLE

SATIRE MÉNIPPÉE

NOUVELLE

SATIRE MÉNIPPÉE

ou

LA VÉRITÉ TOUTE NUE SUR L'ÉTAT ACTUEL POLITIQUE ET MORAL DE LA VIEILLE EUROPE

A PROPOS DE L'ALLIANCE ANGLO-FRANÇAISE

ET DE LA GUERRE CONTRE LA RUSSIE

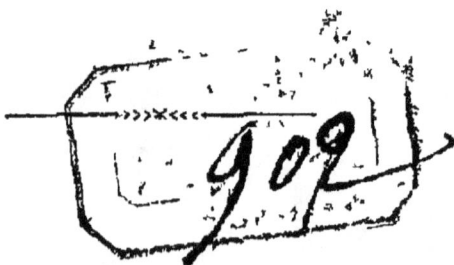

PARIS

IMPRIMERIE BALITOUT, QUESTROY ET Cᵉ

7, RUE BAILLIF, ET RUE DE VALOIS, 18

1875

NOUVELLE

SATIRE MÉNIPPÉE

PROLOGUE

Ille ego qui quondam..... oui, c'est bien moi qui,
dans mon complet isolement des hommes et des
choses funestes de ce temps, osai, dans mes *Mis-
cellanécs*, reprocher assez aigrement à la vaste
anarchie de 1848, les affreuses utopies des démolis-
seurs, les expédients et les panacées des soi-disant
défenseurs de l'ordre et du droit. Tous ces témé-
raires et tous ces niais n'ont-ils pas à l'envi les uns
des autres, exigé, obtenu et acclamé la stupide théo-
rie du suffrage universel? Je voudrais bien voir au
fond de leur âme ce qu'ils pensent aujourd'hui de

siècle. Car la France, très probablement, vers le commencement du vingtième, suivant qu'elle sera parvenue ou non à se donner un bon gonvernement, reprendra son rang à la tête des nations, ou sera de nouveau démembrée et rayée peut-être, comme la Pologne, de la carte d'Europe.

Dieu veuille nous préserver des Bonaparte et de tous les souverains issus de la Révolution, qui, loin de nous relever de notre abaissement, acheveraient de nous perdre!

La Rochette l'Étang. 11 janvier 1875.

Pour que la France soit grande et prospère, il ne faut pas seulement qu'il n'y ait plus ni Alpes ni Pyrénées, il faut encore une alliance indissoluble entre la Russie et nous. Toute alliance avec les Anglais est au contraire un véritable suicide : Voilà en deux mots l'esprit de cette *Nouvelle Ménippée,* composée dans l'hiver de 1855, par l'auteur (1) des *Essais sur la Constitution de* 1848, et des *Miscellanées politiques, philosophiques et littéraircs*, qui en sont la suite.

L'état présent de notre malheureuse patrie ne justifie que trop les tristes prévisions de ces ouvrages divers. La consciencieuse et mordante satire, dont je ne publie aujourd'hui que le prologue, et de courts fragments, sera imprimée dans quelques années, en totalité, comme mémoire bon à consulter par ceux qui auront le courage d'écrire l'histoire de la seconde moitié de ce déplorable dix-neuvième

(1) Mort le 10 décembre de la même année.

leurs conceptions et de leurs beaux résultats! Que
pensent-ils de la peur que les sept millions et demi
de votants, Evêques et Cardinaux en tête, ont eu de
la loi agraire et du retour de la sanglante orgie de
93! Que disent-ils de notre guerre insensée contre
nos seuls alliés naturels, si jamais nous avons un
gouvernement de droit, d'équité et solidaire de ce
long et glorieux passé de la France, qui date de
quatorze siècles et non pas de l'ère d'une famille
Corse, stérilement tombée dans nos ruines et des
torrents de notre sang, et dans les invasions et les
mutilations de notre ancien territoire, si sagement
et laborieusement conquis par nos soixante-dix
rois? Mais surtout comment jugent-ils ce profond
aplatissement universel où nous sommes plongés
sans résistance sous la main d'un aventurier qui a
usurpé le despotisme avec la plus grande facilité?
Et cette alliance incroyable pour les siècles futurs
avec la punique Angleterre, notre éternelle ennemie
par sa position géographique et encore plus par
son insatiable politique traditionnelle de monopole
et d'avidité! Et ce prodigieux asservissement tout
gratuit de toutes nos forces viriles et financières au
seul profit des marchands de Londres et des fabri-
ques de Manchester, [Liverpool et Birmingham! Et
cela aussi pour la satisfaction de l'amour-propre et
l'aveuglement d'un despote qui trouve, dans les ridi-
cules ovations que ces boutiquiers font à sa per-
sonne, une suffisante compensation aux sacrifices
incalculables qu'il nous impose et qui encore, par la
plus amère ironie, ose appeler une si énorme mysti-
fication, de la politique nationale, tandis qu'on ne

saurait douter, au point où en sont les choses, que cette moquerie sera traitée par nos neveux comme une inouïe trahison envers notre triste patrie.

Voilà depuis 48, la seconde phase du suffrage universel, procédant sous l'empire de la peur du socialisme. Comme le programme de cette multitude abusée est loin d'avoir été rempli par le despote qu'elle s'est donné et que ce dernier nous mène rapidement tout droit, et sans y songer peut-être, à une troisième phase procédant sous l'empire de la terreur, de la spoliation et à toutes les violences possibles au moins un moment, nous demanderons alors aux théoriciens compte de leurs superbes inspirations. Qu'ils y songent! Depuis trois quarts de siècle que je suis, je n'ai vu que de pareils retours dans la foule. De la peur à la cruauté il n'y a qu'un pas. Cette phase là nous mène visiblement à une pire, si Dieu n'y pourvoit. La France a oublié tout ce que son histoire eut de noble et de glorieux ; elle a perdu à force de convulsions révolutionnaires, même dans une partie des classes élevées, les notions du vrai patriotisme, les plus capitales idées du droit, base de toute société. La religion et la morale n'y sont plus qu'un vain mot, un masque hypocrite, pour atteindre ou garder une haute position. Dans ce qui reste encore de bons éléments dans cette société délabrée, on en est venu à douter de la probité de certains mondains, qui se sont faits renégats, et de certains fronts mitrés, qui ont ouvertement abandonné la cause du droit et de l'honneur de la France, pour se transformer en rhéteurs politiques et en adulateurs d'un casse-cou. Sur ce point il y en a qui ont poussé l'hyperbole jusqu'à l'extravagance. C'est là un mal immense ; je le dis avec une extrême douleur. Ceux qui ont divisé ainsi le clergé et les gens de bien, ont encouru une bien redoutable responsabilité. Quand une grande débâcle nouvelle viendra soudainement fondre sur nos têtes, où sera l'union des forces résistantes ? Où sera le centre de leurs débris dispersés, désaffectionnés et partout découragés ? Qui défendra alors tous ces imprévoyants adulateurs ? Cependant tout cet imprudent *servum pecus* bien nanti, qui se croit dans le meilleur des mondes possibles, devrait logiquement, après un tel phébus de flatteries ampoulées, s'attendre que les premiers coups des prochaines tempêtes tomberont sur lui.

Dans mes écrits précédents, j'ai prédit aux divers partis éclos de 1830 et 1848, les fatales conséquences de leurs absurdes débats et de leur folle outrecuidance. Mais n'appartenant à aucune coterie politique ni littéraire et n'écrivant que pour l'acquit de ma conscience et du cri de mon sincère patriotisme, je n'avais garde d'être entendu ou propagé, dans un temps comme le nôtre où l'aveuglement, la surdité volontaire, enfin la passion, ont rempli toutes les têtes de ténèbres. Mes tristes expositions de cette désastreuse époque n'eurent donc que peu de retentissement excepté chez mes amis. J'ignore si elles n'auront pas un jour plus de mérite, du moins pour ceux qui étudieront le caractère progressif de ces nouvelles saturnales, dignes filles de 93, moins sanglantes il est vrai, mais dont la portée ira beaucoup plus loin dans l'avenir, grâce à l'instruction diffuse et à la p opagande du machiavélisme britannique, si

tous les gouvernements honnêtes ne se hâtent de
s'entendre, comme dans un seul faisceau, pour arrê-
ter une bonne fois toutes ces débauches formi-
dables de l'esprit, de l'orgueil et de la sans pareille
avidité des hommes de nos jours. En ce moment, il
n'y a guère d'apparence qu'ils le fassent, s'il est vrai
qu'ils pactisent avec le régime de nos détestables
voisins, révolutionnaires sans fin et par calcul chez
les autres, et avec nos habitudes démagogiques, de-
venues notre tempérament et notre mal chronique
et rongeur. Ah! s'il est vrai que des têtes couron-
nées que je sous-entends ici se divisent ou pactisent
réellement devant la cacophonie actuelle des sup-
pôts de la révolution, tout hétéroclites que soient
ces derniers dans leurs vues et dans leurs fins, on
peut bien dès à présent prédire à coup sûr à ces
trônes là qu'ils seront bientôt à la merci de toutes
les exigences révolutionnaires et s'écrouleront misé-
rablement. Qu'ils songent aux lamentables épreuves
de nos trois derniers rois et à celles du pape régnant
lui-même. Si de tels exemples ne suffisent pas à leur
imposer rigoureusement l'énergique pratique de
leurs devoirs envers leurs peuples, c'en est fait de
l'ancien monde, nous ne verrons plus que les insta-
bilités de l'anarchie, du despotisme et de la servitude, tour à tour, sur notre continent désolé et sans
repos. Nous ne verrons plus qu'une succession ra-
pide de ruines matérielles et morales. Ainsi le veut
la perfide Albion !

Quand, dans la tourmente de 1848, j'osais, moi
trop faible athlète, mettre à nu les racines de l'hor-
rible lèpre qui nous ronge et remonter hardiment

aux sources de tous les poisons incessamment ré-
pandus à grands flots dans nos âmes depuis près
d'un siècle par la vaste conspiration des sectes pré-
tendues si fort à tort philosophiques et philanthro-
piques, et par l'imbécile complicité de certains
princes ambitieux qui l'ont justement payé de leur
tête, je m'attendais bien à n'être pas plus écouté
que Cassandre et à n'être que *vox clamans in de-
serto.* Car c'est aussi un désert pour les gens de
cœur, quand ils essaient de se faire entendre dans
le tumulte de toutes les passions les plus sordides.
J'attends aujourd'hui même sort et pire encore.
Mais ma conscience est révoltée, mon patriotisme
me crie : à la forfaiture ! à la trahison envers la
patrie ! Ma poitrine est gonflée par le sentiment du
devoir. Toutes les facultés de mon âme suffoquent
d'indignation à l'aspect du rôle non moins ignoble
qu'insensé que l'on nous fait jouer en ce moment
pour le soutien et la conservation de l'odieux monopole des marchands de Londres, inquiété avec
justice par les Russes.

Quand la tribune est supprimée sans regret après
avoir retenti impunément, ces derniers temps, de
l'apothéose des Marat et des Robespierre ; quand la
presse est bâillonnée, disciplinée et complétement
asservie après s'être noyée dans l'excès de ses
orgies, comme je le lui prédisais, enfin n'existant
plus que par et pour le bon plaisir d'un despote vul-
gaire et sous la main de quelques centaines d'his-
trions politiques bien gagés, ses séïdes ; quand
devant ces étranges puissances du jour tout est
vénal, abâtardi, aplati et rampant jusqu'à la plus

honteuse prostration, est-il possible aux cœurs de bonne trempe de garder un morne silence et de se borner à gémir en secret sur les hontes, les maux et les nouvelles ruines infaillibles d'une patrie enchaînée à la fortune de ses éternels ennemis par des traîtres ?

Il faut parler ! Prenez garde, me dit-on de plus d'un côté, vous risquez pour le moins de vous faire enterrer vivant dans les geôles d'un pouvoir ombrageux qui craint déjà sa fin et n'a point d'autre base que l'appui d'un cabinet sans foi, dont il sera abandonné sitôt qu'il n'aura plus besoin de son alliance. N'importe, il faut parler. Eh ! qu'est-ce que je risque ? Accablé depuis mes derniers écrits d'une infirmité cruelle, devenu depuis quelques mois presque aveugle, me hâtant de tracer, à grand'peine, ces lignes amères où je vais peut-être éteindre mon reste de vue, enfin tout près du terme de mes longues années de luttes et de traverses, encore une fois qu'est-ce que je risque ? Ce qui me reste de vie ne vaut pas la peine de me gêner pour éviter le martyre et forcer ma bouche à louer, par mon mutisme ou mes paroles, ce que je déteste en ma conscience.

Il faut parler pour la vérité, quand j'en ai encore la force. Bientôt je ne serai plus ! Je ne vis qu'au jour le jour, je me tiens prêt à partir au premier commandement de Dieu. Puissent sa grâce et sa miséricorde m'accompagner et me soutenir dans ce dernier voyage ! En finissant du moins je ne serai pas troublé par le poignant remords qui doit, à leur mort, ronger cette foule de félons et de renégats de

tout rang, dominant aujourd'hui, qui, pour des
avantages périssables et purement matériels, ont
déserté la cause de la religion, du droit et de l'honneur, tout en se couvrant avec recherche de leurs
faux insignes. Ma conscience, à moi, pauvre vieil-
lard, est en paix sur ces points capitaux pour toute
société honnête et je le crois fermement aussi aux
yeux de Dieu. Oui j'ai aimé la justice et la vérité, je
les ai proclamées comme une même chose et défen-
dues autant que je l'ai pu dans ma sphère, en mé-
prisant souvent le péril et les inconvénients. *Ille
ego qui quondam.....* Au regard des folies du siècle,
je pourrais bien finir par cette épigraphe, mais bien
entendu, sans la sotte prétention d'aucune ressem-
blance. Je n'ai ni le génie ni la bonne fortune du
cygne de Mantoue qui, avec un juste succès qui
dure encore, après avoir chanté harmonieusement
les travaux des champs, les bergers et les bois, sut
plaire au peuple-roi et à son grand souverain, en les
flattant adroitement dans leur antique et poétique
origine. Hélas! il n'y a rien de grand et encore
moins de poétique dans mon époque à moi. Ce n'est
plus que le règne de la matière et de ses vains pro-
grès tout sensuels. Adieu les profondes méditations
des grandes intelligences! Adieu les soins et le respect
de la vie future! Les nations ne sont en vérité plus
guères que des troupeaux d'Epicure. Dieu seul sait
en quel abîme sa main toute-puissante nous laisse
aller pour l'expiation de nos crimes.

La fable prétend que le cygne, avant de mourir,
fait entendre des chants douloureux et plaintifs.
Pour en finir de cet avant-propos qui indique suffi-

samment le but et les motifs de cet ouvrage, qu'il me soit permis, cher lecteur, de vous dire que dans l'épuisement de mes forces, ceci est mon chant du cygne. Adieu et priez pour moi. Je vous souhaite une chance honnête, s'il est possible, sous ce sceptre bâtard où nous sommes plus ou moins courbés. Pour moi, j'ai hâte d'entrer en matière, craignant que la cessation de la vie ou de la vue, ce qui est à peu près la même chose, ne m'empêche d'achever.

. . . .

. . . .

Revenons aux Russes, leurs seuls rivaux actuels (des Anglais), les seuls capables de venger le monde des longs et vastes brigandages de ces prétendus héros *du droit et de l'équilibre européen.* Il est parfaitement vrai que les plans de Pierre-le-Grand et de la grande Catherine, la *Sémiramis* du Nord, selon les philosophes du dix-huitième siècle, étaient de se porter sur la ville de Constantin, d'en chasser la lèpre turque, si honteuse pour toute la chrétienté, et de déborder vers l'Asie. Et si alors les Anglo-Saxons avaient été, comme aujourd'hui, les maîtres absolus de l'Indostan, où ils n'avaient encore rien, nul doute que les plans de Pierre et de Catherine eussent été hâtés et mûris beaucoup plus tôt. Nul doute qu'en voyant de si énormes envahissements au seul profit d'une nation médiocre en population et prépondérance, ils n'auraient pas mis autant de négligence et d'imprévoyance à cet égard que l'ont fait si fatalement les cours d'Allemagne, de France et d'Espagne. L'équilibre, qui existait réellement alors, n'eût pas été rompu comme il l'a été si grandement en 1815 par les folies de Bonaparte Ier, qui ont fini par nous faire parquer étroitement dans nos anciennes limites, tandis que toutes les autres puissances gagnèrent beaucoup et l'Angleterre plus que toutes les autres ensemble. On voit bien clairement pourquoi celle-ci nous chante aujourd'hui sur tous les tons le *statu quo!* le *statu quo!* bien qu'elle rêve encore autre chose. C'est qu'il est menacé par les Russes et qu'elle seule a beaucoup à perdre.

Mais il est faux que les plans de Pierre-le-Grand, de Catherine et de leurs successeurs aient songé à aucune entreprise contre les États de l'Occident et du Midi de l'Europe, hormis les Turcs. Or ces plans ont été connus, loués, approuvés et applaudis par toute la chrétienté, par les Anglais eux-mêmes, avant qu'ils possédassent l'Inde. Nulle part on ne reconnaissait la conquête de l'Empire grec, qui ne date encore que de quatre siècles, comme un droit acquis aux Turcs, que l'on ne regardait seulement que comme campés en Europe. On les traitait, avec grande raison, de barbares, de fanatiques ennemis de la civilisation à exterminer au plus tôt, et ils nous appelaient, eux, chiens de chrétiens, et ils nous soumettaient aux supplices les plus honteux et les plus cruels. D'où vient donc, encore une fois, que le droit, la justice, la magnanimité sont passés tout à coup du côté des Turcs, et la barbarie du côté des Russes? C'est que ceux-ci sont en marche vers ces immenses invasions anglaises dans l'Inde, et que ceux-là ne sont point en force de barrer le chemin à ceux-ci. Comprenez-vous, bonnes gens qui choyez les Anglais, ce que c'est que leur droit

à eux, et comme il passe et repasse de l'un à l'autre
côté, selon l'intérêt du moment? Le plus joli tour
de force (je ne me lasse pas de l'admirer) est encore,
de la part des Anglais, d'avoir amené une partie
des puissances, qui toutes, sans exception, auraient
grand intérêt à l'affranchissement de l'Inde, à se
faire les échos de la doctrine britannique et, pour
comble de merveilles, les Français, les vaincus de
1814, à se faire, dans la guerre actuelle, le princi-
pal appui de leurs implacables vainqueurs et spolia-
teurs! Ceci est assurément nouveau sous le soleil.
Le Sauveur des hommes, dans ses divins enseigne-
ments et son immense amour de l'humanité, nous a
bien prêché le pardon des injures : « Si vous recevez
un soufflet sur une joue, tendez l'autre, » nous a-
t-il dit. Oui, c'est bien là le moyen d'éteindre une
colère, une inimitié, en faisant sentir à un adver-
saire, par un doux blâme, le tort de sa violence. A
ce compte, nos anglomanes doivent être de bien
exemplaires chrétiens. Mais Jésus-Christ ne nous a
pas enseigné ces doctrines comme des maximes
d'Etat, et tout gouvernement qui s'y abandonnerait,
surtout vis à vis des Anglais, aurait bientôt vécu.
Pour le pardon ou, si vous l'aimez mieux, l'oubli
des torts et des injures, soit, puisque telle est
notre antipatriotique facilité, même envers les
Turcs, qui, il est vrai, ne valent pas moins que
les Anglais, et nous ont causé infiniment moins de
dommages. Mais après des siècles d'hostilités les
plus sanglantes, de déloyautés, de spoliations sur
nous, dont plusieurs ne datent que d'hier, et de ri-
valités qui durent encore et qui pourront éclater

demain, au moindre changement de front, venir
quand on est près de rendre gorge pour tant de
royaumes engloutis dans la fortune britannique,
nous demander l'emprunt de toutes nos forces, et
nous de l'accorder, quand, par une bonne alliance
toute contraire avec les Russes, nous pouvions faci-
lement abattre notre éternel ennemi, en ressaisis-
sant, nous, l'influence et les conquêtes qu'il nous a
fait perdre ! Voilà une grande inprudence d'une
part, malgré son succès, et une grande et lâche sot-
tise de l'autre part, si ce n'est pas une insigne trahison qui nous a ainsi vendus et livrés corps et biens
aux loups couverts en ce moment de peaux de moutons. C'est ainsi que dans un avenir peu éloigné nos
neveux qualifieront l'indigne marché, où le bon
plaisir d'un homme du plus triste passé a pu ainsi
trafiquer de tout un peuple, uniquement au gré
d'une politique évidemment toute personnelle. Quel
bon Français pourrait digérer une telle énormité ?
J'y reviens souvent, je le sens, je fais beaucoup de
redites, mais il est des erreurs, des écarts, des
monstruosités qu'on ne saurait trop faire retentir
aux oreilles dures, aux entendements obtus et aux
indifférents par égoïsme dont le nombre est si grand.
Ceux-ci n'aiment pas troubler leur douce quiétude à
l'endroit des biens ou des maux de leur patrie. Au
reste, j'écris si rapidement, malgré mon infirmité
visuelle, et sans aucun de mes livres avec moi, que
je ne prendrai seulement pas le temps de me relire
et corriger, tant je suis pressé, par les raisons que
j'ai dites au commencement de cet ouvrage, de
mettre par écrit mes dernières pensées.

. . . .

Du reste, en écrivant cette satire amère pour moi-même, je suis loin de me dissimuler combien un moraliste, pénétré d'un sincère amour de la patrie, a mauvais jeu en face d'une société aussi dévoyée que la nôtre, après soixante ans d'impiétés se disant savantes et soixante autres de révolutions spoliatrices et sanglantes : celles-ci étant le digne complément de celles-là. Je l'ai déjà déclaré, et je crois devoir le répéter ici : Je n'écris pour aucune récompense en cette vie. Je n'y ai désiré absolument aucune autre que celle de fortifier dans le devoir les âmes et les cœurs de bonne trempe, et de ramener, s'il est possible, au bon sens et à la constance les esprits encore honnêtes qui s'égarent ou vacillent dans l'honneur de leurs anciens sentiments et ceux de leurs pères. Qu'on daigne m'en croire ; lors même que je reverrais ce qu'il m'est bien permis de regretter d'autant plus légitimement, d'autant plus sensément et équitablement que je n'en ai point été du tout l'enfant gâté, malgré mes services et mes sacrifices personnels et ceux des miens, de leur fortune et de leur sang ; lors même enfin que je verrais s'établir tout ce que je pourrais souhaiter, je n'ai rien, absolument rien à lui demander. Je laisserais cela aux nouveaux dévouements, aux revenants et venants qui ne manqueraient pas d'affluer et embarrasser fort les avenues du pouvoir. Qu'il soit donc bien entendu que cet ouvrage, comme les précédents, n'est qu'une mission de conscience que je me suis imposée comme un dernier devoir envers mon pays, pendant qu'il me reste encore quelques forces.

Quant aux jugements divers qu'en pourra porter un monde tout près de s'évanouir pour moi, cela m'importe peu.

Il me reste un sujet à traiter, et c'est, hélas ! le plus délicat et, à coup sûr, le plus pénible à mon âme, à mon cœur et à ma foi ! J'ai vingt fois hésité à l'attaquer. Mais il est d'une telle importance pour le présent et d'une telle conséquence pour l'avenir, que je sens intimement que je manquerais à ma mission, et que je serais trop incomplet si je la passais entièrement sous silence. Ici encore le devoir l'emporte impérieusement sur les égards et ce qu'on appelle le respect humain. Je dis impérieusement et irrésistiblement, car la gravité de la fausse route est extrême, est évidente à tous les yeux, est dissolvante, est désastreuse pour tout le monde moral, est très compromettante même devant le monde *qui ne l'est pas,* c'est-à-dire les incrédules. J'ai promis de dire *la vérité toute nue.* C'est ici que je vais froisser bien douloureusement les croyances, les sincères attachements et les hommages de toute ma vie. C'est ici que je vais m'arracher le cœur et les entrailles. Ami lecteur, plaignez-moi ! Il s'agit de la question religieuse, entièrement asservie à la politique du moment.

Qu'on se reporte à l'époque dont je viens de parler. Jamais le vénérable corps des évêques français, dans leur plus grande prospérité, n'avait joui d'autant de sympathie, de confiance et de respect que pendant ce formidable régime de tous les crimes. Pourquoi ? parce que tous les fidèles du monde civi-

lisé n'ont pu qu'admirer son courage, sa constance
dans la foi et son penchant éclairé vers le *droit*,
enfin son abnégation au milieu de tant de proscrip-
tions, de spoliations et de ruines qui le mutilaient,
et surtout la dignité avec laquelle il a tout supporté,
dans la mort, dans l'exil et la perte de ses biens.
Que voyons-nous aujourdhui? Hélas! cher lecteur,
je vous laisse le triste soin des comparaisons et de
leurs conséquences futures. Chacun peut les faire
à part soi. Malheureusement un très grand nombre
d'esprits de toutes couleurs bonnes et mauvaises, les
font déjà ces comparaisons avec beaucoup moins de
ménagements que moi qui ne suis qu'une voix affli-
gée, bien loin d'être ennemie. Peut-être y met-on
trop de sévérité; peut-être va-t-on jusqu'à l'injus-
tice. Ah! combien je le voudrais de tout mon cœur,
aimant beaucoup mieux pour ce que je vénère la
peine des iniquités mondaines que le triomphe éphémère des égarements de l'âme. Mais je ne peux me
dissimuler que les apparences sont telles qu'il est
impossible de les nier devant tous les yeux, qui les
voient si nettement. Or, je déclare en âme et conscience et d'après les observations que je fais de
tous les côtés, depuis que je suis en cette vie, je n'ai
encore rien vu de plus délétère pour la foi, de plus
avantageux aux armes tranchantes et perfides de
l'incrédulité. Pourquoi encore? parce qu'il est impossible au sens national de croire sérieusement à
la sincérité et au désintéressement de toutes ces hyperboles emphatiques, que l'on jette à tout propos,
sans nécessité, à la tête d'un despote de deux jours,
qui, jusqu'ici, que l'on sache, n'a brillé ni par le

droit ni par la vertu, pour ne pas dire pis; parce que tout ce qui raisonne fait généralement ce cruel argument-ci : « Puisqu'il nous est impossible d'admettre la sincérité des hyperboles des rhéteurs sacrés et mitrés en faveur d'un parvenu, qu'ils encensent sur la terre beaucoup plus que leur Dieu dans le ciel, pourquoi croirions-nous davantage aux doctrines incommodes qu'ils nous débitent dans leur prétendue chaire de vérité, toujours dans leur intérêt évident? » parce que, etc., etc. Je ne pousserai pas plus loin ces pourquoi et ces parce que. C'est bien assez sur ce ton scabreux et malheureusement trop facile. C'est ainsi que la foi s'altère et s'en va non-seulement chez les sceptiques, mais encore chez les gens peu zélés et les indifférents. La religion n'est plus à leurs yeux qu'un manteau d'hypocrisie, un masque de circonstance ou une forme de convenance. Ils l'assimilent à une loi politique, qui ne doit durer que selon le besoin. Le mal perpétré en grande partie par les causes ci-dessus est déjà immense. J'en appelle au témoignage de tous ceux qui prennent la peine de voir et d'étudier la société actuelle.

Cependant, je me hâte de le dire très haut, nous n'avons point encore, grâce à Dieu, de prélat apostat en pure matière de religion. Mais qu'on y prenne garde, de l'apostasie politique à l'apostasie religieuse, il n'y a qu'un pas et très glissant encore....

. . . .

. . . .

Or, je le dirai sans réticence, d'après les observations que tout homme sérieux peut faire autour

de lui chaque jour, il n'y a rien au monde de plus
funeste à la foi, de plus blessant pour le fond de la
conscience et de plus contraire au respect des peuples et à leur confiance, que de telles variations et
contrastes de la part de personnages revêtus d'un
caractère auguste. Et j'ajoute que, spirituellement,
tout écart est infiniment plus fatal que temporelle-
ment. Dans l'ordre purement civil, le mal peut
quelquefois se réparer ; mais il n'en est malheureu-
rement pas ainsi dans l'ordre spirituel. L'homme
jeté dans le doute par des suggestions, des entraî-
nements, des exemples éclatants, tombe bientôt
dans le scepticisme professionnel sur toute chose, et
de là dans l'athéisme et ses suites. Alors, le mal se
répand incurablement.

A l'appui de ce que je dis sur ce qui ne se voit
que trop, il importe de citer quelques exemples
fameux, parce qu'ils ont pu entraîner un certain
nombre de membres du clergé inférieur. Tout ré-
cemment, dans une allocution en face, un cardinal
n'a-t-il pas outré l'adulation jusqu'à proclamer
M. Louis Bonaparte, *un nouveau Charlemagne*,
sans se souvenir du persiflage qui crible M. de Pradt,
archevêque de Malines, qui, s'était intitulé lui-
même l'aumônier du dieu Mars, et qui s'en repentit
lorsque son dieu Mars achevait si prosaïquement sa
carrière dans le ciel de Sainte-Hélène ? Un autre
cardinal ne s'est-il pas monté la tête jusqu'à l'ado-
ration, en proclamant aussi, lui, en face et en public,
M. Louis Bonaparte, *un nouveau Messie?* Combien
d'évêques n'ont-ils pas, plus ou moins, imité ces
tristes exemples, soit devant l'idole du jour, soit

dans les mandements ou lettres pastorales ? Or, je le demande en conscience, qu'y a-t-il de commun ou de semblable entre la vie passée et présente de M. Louis Bonaparte, ses alliances, ses prodigalités, etc., et Charlemagne ? Qu'y a-t-il de commun ou d'approchant entre le Sauveur des hommes et l'un de leurs tueurs, déjà trop fécond, dans la campagne de Crimée ? Est-il possible d'admettre de tels rapprochements au fond de sa conscience ? Après de telles hyperboles proférées par des bouches sacrées, les louanges du Seigneur éternel y ont-elles la même valeur aux yeux des sceptiques et de la foule éclairée ? Qu'en doit penser M. Louis Bonaparte lui-même dans son for intérieur ? Certes, de pareils écarts ne sont pas propres à faire beaucoup de conversions en religion, pas plus que dans la défense de la vérité et du bon droit ; mais, en revanche, je pourrais garantir qu'ils sont de la plus active et de la plus désastreuse puissance à y produire une immense défection.

Descendons dans les bas fonds fangeux de la politique du moment, qualifiée de politique nationale par quelques satisfaits bien gorgés, par ceux qui ont intérêt à tromper la France et par une multitude d'esprits abusés qui s'en sont faits les échos. A cette occasion, un autre cardinal et quelques evêques ont avancé sans rire que les Turcs, les maîtres de Byzance et de Jérusalem, étaient les amis de l'Eglise et du catholicisme, et que les Grecs et leurs coreligionnaires les Russes en étaient les ennemis. En conséquence de ces deux belles prémisses ainsi posées, ils concluent que la guerre que nous faisons

contre des chrétiens pour les mahométans, de con-
cert avec l'hérétique Angleterre, patrie de la plupart
des athées en religion comme en politique, est sainte
et que nous devons y dévouer nos biens et nos vies !
Voilà une excentricité bien peu digne et assez mal
sonnante, dans la bouche d'un prêtre, et des plus
capables de nuire à l'influence de son auteur lui-
même. . . . .
. . . .

..... Et quand même nous aurions pris Sébas-
topol, nous autres Béotiens de Français, en serons-
nous plus avancés ? Cela, en tout cas, nous sera fait
payer cher. Et puis il pourra arriver bientôt après
que nous soyons les premiers à regretter la marine
russe détruite par nos propres mains avec tant de
sacrifices de notre part. Ceux qui croient à notre
alliance perpétuelle avec l'Angleterre n'ont pas la
vue bien longue, et n'ont guères de souci de notre
honneur et de notre intérêt national. On vous
dit, dans la presse asservie, ô Béotiens, que la
Russie veut Constantinople, pour s'emparer en-
suite de tout le littoral de la Méditerranée, de l'I-
talie, de l'Espagne et même de l'Allemagne, et
l'on nous ressasse cette vaste bêtise, calculée par le
machiavélisme anglo-révolutionnaire, tout exprès
pour faire peur aux vieilles femmes des deux sexes
et aux badauds, et pour exciter l'ardeur des jeunes
fous qui ne demandent qu'à se battre pour on contre
n'importe qui, afin de gagner des grades, de hautes
payes, des dorures et des rubans sur leurs nippes et
des joujoux qu'on appelle emphatiquement des *hon-
neurs,* tout cela distribué, prodigué souvent par le

favoritisme et toujours au même titre sous les ré-
gimes et pour les desseins et les buts les plus op-
posés les uns aux autres, ou bien encore en plein
contraste avec le caractère du porteur et partant
avec la morale publique. Aussi combien de ces stu-
pides porteurs nous représentent au naturel l'apo-
logue de l'âne chargé de reliques! C'est ainsi que
pour la marche de nos éphémères et misérables
phases révolutionnaires, on éteint chaque jour chez
nous l'intelligence de la vérité politique, du véritable intérêt national et du véritable honneur. En
sorte que si jamais nous revenions à un régime
stable et normal, je ne sais pas ce qu'il pourra faire
d'une aussi inextricable confusion. Allez donc pour
de tels appâts, ô Béotiens français, verser à grands
flots votre sang contre les Russes qui vous lais-
seraient bien en repos, si vous les laissiez vous
mêmes, et si, qui pis est, vous n'étiez allés si impo-
litiquement vous mettre en travers de leurs plans
auxquels vous devriez prendre au contraire une
bonne part. Le machiavélisme anglo-révolutionnaire,
pour vous masquer ses embarras, ses inavouables
desseins et ses craintes de la seule puissance qui la
gêne aujourd'hui vous persuade, ô Béotiens aveu-
gles et crédules, que la Russie en veut à l'Allemagne, à la France et à tout le continent européen et
beaucoup d'entre vous donnent dans cette énorme
bourde. Faut-il vous corner dans les oreilles cent
fois la même chose, ô Béotiens gobe-mouches en
toutes sortes de charlatanisme et floueries étrangères
et indigènes? Si les Russes en voulaient à la France,
s'il n'était pas au contraire dans leur intérêt très

évident qu'elle reste une monarchie puissante, ils
ne l'auraient pas maintenue dans son ancienne in-
tégrité en 1814, malgré les Anglais et les Prus-
siens, après l'avoir eu vaincue deux fois coup sur
coup par les nécessités créées par le premier Bonaparte qui a passé sur elle comme un fléau aussi dé-
vastateur qu'un Attila. Ils ne nous auraient pas, sous
Charles X, offert en partage avec la rive gauche du
Rhin, l'Égypte qui nous ouvrirait bientôt une vaste
part dans le grand commerce de l'Inde, et cette antique Crète aux cent villes, nulle aujourd'hui entre
les mains des Turcs, et qui serait si précieuse une
fois dans les nôtres. Qu'aurions-nous à craindre,
avec l'alliance russe, de toute coalition contre nous ?
Que n'aurions-nous pas à espérer au contraire en
toutes sortes de prospérités, si avec tout cela nous
avions un bon gouvernement. . . . .

. . . .

Au revoir ! D'ici le prochain début, nous verrons
sûrement d'autres étrangetés, et alors j'aurai quelques liards à ajouter à la somme ci-dessus, bien
qu'elle ne soit pas déjà mal grosse. On peut tout
attendre de l'homme au nom néfaste qui, pour res-
susciter à son profit le simulacre éphémère d'un
trône impérial tombé dans le sang et le décri général, après les résultats les plus désastreux, nous
promet la paix et va bientôt après faire une guerre
insensée à nos futurs alliés pour et avec nos ennemis
séculaires. On peut tout attendre de celui qui, après
en être venu à ses fins, a rendu les Français aussi
mûrs pour la servitude que pour l'anarchie, et dont
la chute infaillible nous conduit visiblement de l'une

à l'autre. Dans cet aplatissement général, vienne le retour de la démagogie, nous verrons comment les serviles et les bailleurs de fonds dits nationaux défendront leur avoir. Hélas! les moutons contrefont les loups, et loin de songer a leur résister, ils fléchissent le genou devant leurs ravisseurs, pour peu que ceux-ci leur fassent peur, à quoi ils ne sont pas assez sots pour manquer.

Je n'ai point traité la question financière, parce que tout y est dissimulé et trouble. Quand nous y verrons clair, nous apprendrons encore là de jolies merveilles en dilapidations et prodigalités stériles. Pour le moment, nous ne voyons qu'un bon gros milliard d'augment à notre dette, et ce qui est le plus regrettable, cinquante mille de nos plus valides enfants déjà enterrés en Crimée, sans compter la suite. Et pour qui, ô badauds? Je remets donc ma clôture et mes conclusions au premier jour propice. Au revoir !